Tina
Quaas

Modeschmuck
einzigARTig

Mehr über die Autorin erfahren Sie unter: www.ticko-design.de.

Wir danken den Firmen Rayher Hobby GmbH, Knorr Prandell GmbH, Pracht Creatives Hobby, Farbenspiel GmbH und Bastelpeter AG für die freundliche Unterstützung.

Die Kette auf der Titelseite ist eine Farbvariante des Modells auf Seite 17. Die Ohrringe von der Titelseite finden Sie auf Seite 10, die von dieser Seite auf Seite 13/14.

Fotos: frechverlag GmbH, 70499 Stuttgart;
Fotostudio Ullrich & Co., Renningen

Auflage: 5.   4.   3.   2.   1. | Letzte Zahlen
Jahr: 2006 2005 2004 2003 2002 | maßgebend

© 2002

frechverlag GmbH, 70499 Stuttgart

ISBN 3-7724-3055-4 · Best.-Nr. 3055

Druck: frechdruck GmbH, 70499 Stuttgart

Echter Schmuck
aus Gold, Silber oder gar Platin …

… ist meist sehr kostspielig und nicht selber herzustellen. Meine Kollektion hingegen können Sie leicht anfertigen. Vom Fünf-Minuten-Modell bis zum aufwändigen Designerschmuck ist alles dabei: blumig-leichter „Blütenzauber", maritim-sommerliches „Strandgut", feurig-funkelnde „Glanzstücke" oder edel-schimmernder „Goldrausch". Mit den leicht verständlichen Anleitungen ist das Selbermachen Ihres Lieblingsstückes aus meiner Kollektion kein Problem mehr. Und wenn Sie die verschiedenen Schmucktechniken beherrschen, können Sie auch ganz individuelle Stücke kreieren: Arbeiten Sie dann edle, antike Fundstücke vom letzten Flohmarktbummel in die Ketten mit ein und variieren Sie die Farben passend zu Ihrem Outfit.

Lassen Sie sich inspirieren von meinen einzigARTigen Schmuckstücken und haben Sie viel Spaß beim Gestalten.

Ihre

Tina Quaas

3

Perlen
und andere Schmuckstücke

Perlen gibt es in den unterschiedlichsten Farben, Formen, Materialien und Größen. Es gibt Glasperlen, die maschinell gefertigt sind, aber auch wunderschöne handgearbeitete Unikate. Ebenso erhalten Sie eine große Vielfalt an Kunststoffperlen, matt und glänzend, mit Flitter oder mehrfarbig. Im Buch finden Sie auch einige Modelle mit Rocailles, Glasstiften oder Pailletten, die es in den verschiedensten Ausführungen gibt. Als schöne Ergänzung lassen sich Metallteile in die Schmuckstücke einarbeiten. Ich habe Röhrchen in unterschiedlichen Formen verwendet, sowie Blumen und Fische, die in Gold und Silber erhältlich sind.

Werkzeuge
und Zubehör

Nylonummantelter Stahldraht
Stahldraht erhalten Sie in den Stärken von 0,3 mm bis 2,5 mm. Bis zu einer Stärke von 0,6 mm ist er nylonummantelt. Der Draht ist in Silber, Gold und vielen Farben in Zwei-Meter-Stücken zugeschnitten und auf Rollen erhältlich.

▶ **Tipp:** Behandeln Sie den Draht pfleglich, da er leicht Knicke bekommt, die sich nicht mehr entfernen lassen.

Quetschperlen
Zum Fixieren von Schmuckteilen benötigen Sie Quetschperlen, die mit einer schmalen Flachzange zusammengedrückt werden. Sie erhalten Quetschperlen mit 2 bis 3 mm Durchmesser in Silber, Gold und Schwarz.

Klebstoff

Zum Aufkleben von Schmuckteilen auf Ringrohlinge und Ohrstecker (mit Platte) verwenden Sie Zweikomponentenkleber (Endfest). Sekundenkleber eignet sich z. B. sehr gut zum Einkleben der Metallschläuche in Endkappen.

Zangen

Sie benötigen zum Arbeiten eine schmale Flachzange (ca. 14 cm lang zum Fixieren der Quetschperlen), einen Seitenschneider (zum Abzwicken der Drähte) und eine Rosenkranzzange bzw. Rundzange mit Seitenschneider (zum Stifteln).

Hinweis

Die verschiedenen Zangen sollten Sie beim Arbeiten mit Perlen und Draht immer griffbereit haben. Sie werden in den Materiallisten nicht gesondert erwähnt.

So wird´s gemacht

Niet- und Kettelstifte

Zum Stiften und Auffädeln von Ohrhängern werden Niet- und Kettelstifte verwendet. Diese Metallstifte sind in Längen von ca. 20 bis 90 mm in Silber und Gold erhältlich.

Stifteln

Die Stifteltechnik verleiht Ihren Schmuckstücken ein besonders raffiniertes Aussehen, sie ist aber auch recht aufwändig. Sie benötigen dazu Nietstifte, Material zum Auffädeln (Perlen, Glasstifte, Metallteile etc.) sowie eine Rosenkranzzange.
Die Länge der Stifte ist abhängig vom aufgefädelten Material, immer aber werden mindestens 8 mm zugegeben. Schieben Sie auf den Stift Ihr gewähltes Material auf und kürzen Sie den Überstand, falls nötig, auf 8 mm. Aus diesen drehen Sie nun mit der Spitze der Zange eine Öse. Dazu drehen Sie Ihre Hand im Uhrzeigersinn nach außen und biegen die Öse zu sich hin.

5

Zickzack

Beim Zickzack knicken Sie den Stahldraht mithilfe der Flachzange. Es ist sinnvoll, vorher das Material bis zum ersten Knick aufzufädeln und dann den Draht umzubiegen. Auf diese Weise arbeiten Sie die ganze Kette. Wenn Sie ein sehr gutes Augenmaß haben, können Sie auch vor dem Auffädeln sämtliche Knicke biegen und anschließend die Perlen auffädeln. Zum Schluss müssen die Knickstellen eventuell nochmals nachgearbeitet werden.

Kräuseln und Wellen

Beim Kräuseln ziehen Sie den Draht wie Geschenkband über das hintere Metallstück der Zange. Halten Sie den Draht dabei mit dem Daumen auf der Zange. Lassen Sie am Anfang und Ende jeweils ca. 2 cm unbearbeitet, das erleichtert den Abschluss.

Beim Wellen handelt es sich um die gleiche Technik, nur dass Sie hier den Stahldraht nicht so kräftig über die Zange ziehen. Dadurch entstehen wellenartige Biegungen. Probieren Sie es am besten erst mal an einem Reststück aus. Wellen Sie die Teilstücke zwischen den Perlen immer abwechselnd in die eine und dann in die andere Richtung.

Abschluss fertigen

Fädeln Sie am Drahtende eine Quetschperle auf. Knicken Sie das Drahtende (ca. 2 cm) nach unten und drücken Sie die entstandene Öse mit Zeigefinger und Daumen an der Biegung zusammen. Schieben Sie die Quetschperle über beide Drähte nach oben, sodass Sie eine ca. 2 bis 3 mm große Öse erhalten. Noch einfacher geht es, wenn Sie mit einer Hand die beiden Drähte unter der Quetschperle zusammenhalten und mit der anderen Hand mithilfe der Zange die Quetschperle nach oben ziehen. Durch kräftiges Zusammendrücken

mit der Flachzange wird die Quetschperle fixiert. Auch wenn Sie mit mehreren Drähten arbeiten, wird nur einer zur Öse gebogen. Die übrigen Drähte schieben Sie in die Quetschperle mit ein, kürzen sie nach dem Fixieren aber ca. 2 mm über der Quetschperle.
Das restliche Drahtstück verbergen Sie in einer nachfolgenden Perle. Bei mehreren Drähten schneiden Sie die verbleibenden Dräht wieder ca. 2 mm hinter der Quetschperle ab.

Verschluss anbringen

Den Röhrensteckverschluss (1.) verwenden Sie in Kombination mit Stahldrähten und Metallschläuchen. Stecken Sie die Enden in die Hülsen und drücken Sie diese mit einer Flachzange kräftig zusammen.
Bei Schraubverschlüssen (2. und 3.) öffnen Sie die Ösen des Verschlusses mit der Flachzange, indem Sie das offene Ende seitlich wegbiegen. Vermeiden Sie dabei, den Bogen der Öse auszuweiten. Hängen Sie die Ösen der Kette ein und schließen Sie beide Verschlussösen wieder. Der Magnetverschluss (4.) und der Karabinerverschluss (5.) haben keine offene Öse, sodass diese gleich beim Fertigen der Verschlussöse mit eingefasst werden müssen. Spaltringe (6.) lassen sich ganz zum Schluss einfädeln.
Die Endkappen (7.) verwenden Sie wie auch den Röhrensteckverschluss für Metallschläuche. Die Schläuche werden in die Endkappen geklebt.

Hinweis
Der kleine Herzanhänger, den Sie bei einigen Kettenverschlüssen entdecken, ist Markenzeichen der Autorin und wird nicht in den Materiallisten aufgeführt.

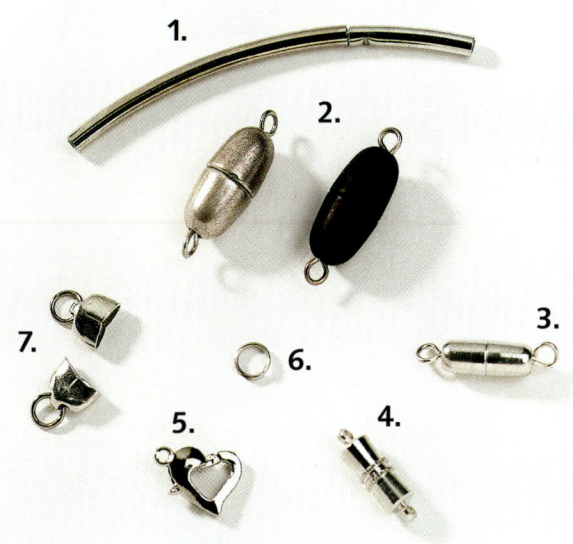

Luftikus
leichte Kette mit Blumen

Farbfolge (Würfel): braun, gelb, blau, rot, hellblau, orange.

Beginnen Sie bei jedem Drahtstrang in der Mitte und arbeiten Sie nach außen. Schieben Sie einen Würfel und eine Quetschperle auf. Führen Sie den Draht um die eigene Achse und fädeln Sie ihn nochmals durch Würfel und Quetschperle. Die Schlinge sollte einen Durchmesser von ca. 7 bis 8 mm haben. Fixieren Sie dann die Quetschperle. Lassen Sie zwischen den einzelnen Elementen ca. 3 bis 4 cm Abstand. Achten Sie darauf, dass Sie bei jedem Strang mit einer anderen Farbe beginnen. Die Blumen und Schmetterlinge arbeiten Sie abwechselnd ein. Diese werden durch zwei Quetschperlen gehalten. Beachten Sie, dass die größeren Elemente nicht aufeinander liegen. Am Ende jedes Drahtes sollten mindestens 5 cm Draht für den Abschluss verbleiben. Wenn Sie alle Stränge fertiggestellt haben, wellen Sie diese mit leichtem Schwung wechselseitig. Fassen Sie alle Stränge zusammen. Schieben Sie eine Quetschperle und je einen Würfel jeder Farbe über die Enden und fertigen Sie einen Abschluss an beiden Seiten. Hängen Sie den Verschluss ein.

Länge
ca. 65 cm

Material
- ♥ Kunststoffblumen , ø 11 mm: 1 x lila; je 2 x orange, pink, blau/grün, flieder
- ♥ Kunststoffschmetterling, 12 mm x 15 mm: blau/grün, flieder, lila
- ♥ Rocaillesmix „Würfel", 4 mm x 4 mm
- ♥ Stahldraht, ø 0,3 mm, 5 x 1 m lang: schwarz
- ♥ Ca. 100 Quetschperlen, ø 2 mm: schwarz
- ♥ Schraubverschluss, 23 mm: schwarz

Flowerpower
für Ohr und Finger

Kleben Sie die Ohrstecker mit
Zweikomponentenkleber auf die
pinkfarbenen Blumen und die
Ringschiene auf die lila Blume.

Material

- ❤ Kunststoffblumen,
  ø 11 mm: 2 x pink, 1 x lila
- ❤ 1 Paar Ohrstecker mit kleiner Platte: silber
- ❤ Ringrohling, verstellbar:
  silber
- ❤ Zweikomponentenkleber

schlichte Kette mit Schmetterling

Halbieren Sie die Spirale mit dem Seitenschneider. Stecken Sie die pinkfarbene Perle auf und schieben Sie diese nach innen. Biegen Sie die Spirale so auf, dass Sie am Ende die Glasolive aufschieben können. Lassen Sie ca. 1 cm Abstand und schieben Sie dann den Schmetterling und die orangefarbene Perle auf. Die Acrylperle wird am Ende mit Sekundenkleber fixiert. Stecken Sie die Drahtenden in den Röhrensteckverschluss und fixieren Sie diese durch Flachdrücken der Enden. Fädeln Sie ein Ende gemäß der Abbildung durch die Spirale.

Länge (Reif)
ca. 43 cm

Material
- ❤ Glasolive mit Spiralen, ca. 33 mm lang: orange
- ❤ Schmetterling, 12 mm x 15 mm: pink
- ❤ Acrylperle, ø 4 mm: pink, orange
- ❤ Spirale, ø 2,5 cm: silber
- ❤ Stahldraht, ø 1,6 mm, 40 cm lang: silber
- ❤ Röhrensteckverschluss, ø 1,6 mm: silber

gekräuselte Kette mit Blumen

Fixieren Sie in der Mitte des Stahldrahts die Glasolive
mit Quetschperlen. Kräuseln Sie den Draht zu beiden
Seiten (ca. 12 cm). Fixieren Sie je einen grünen
Schmetterling mit zwei Quetschperlen und kräuseln
Sie den Draht (ca. 12 cm) wieder. So verfahren Sie
auch mit der Glasblume und der kleinen Glasperle.
Kräuseln Sie nun die verbliebenen Drahtstücke bis auf
jeweils 2 cm am Ende. Nehmen Sie ein Drahtende
und fädeln Sie eine Quetschperle, einen Schmetterling
und eine weitere Quetschperle auf. Fassen Sie hier
beim Fertigen der Abschlussöse auch den Herzkarabiner mit ein. Fixieren Sie die Abschlussöse mit der
obersten Quetschperle und schieben Sie dann den
Schmetterling sowie die zweite Quetschperle hoch
und fixieren Sie diese. Auf der anderen Seite hängen
Sie den Spaltring in die Öse ein.

Länge
halsnah, aber dehnbar

Material
- ❤ Glasolive mit Blumen,
  23 mm lang: orange
- ❤ Je 2 Kunststoffschmetterlinge,
  12 mm x 15 mm: grün, orange
- ❤ 2 Glasblumen, ø 15 mm: orange
- ❤ 2 Glasperlen mit Blumen, ø 8 mm:
  orange
- ❤ Stahldraht, ø 5 mm, ca. 1 m lang:
  silber
- ❤ 18 Quetschperlen, ø 2,5 mm:
  silber
- ❤ Spaltring, ø 5 mm: silber
- ❤ Herzkarabiner: silber

Ohrringe mit Schmetterlingen

Teilen Sie den Draht (je zweimal 6 cm und 12 cm lang). Kräuseln Sie die längeren Stücke, lassen Sie aber an je einem Ende 2 cm glatt. Fixieren Sie an jedem Drahtstück einen Schmetterling mit zwei Quetschperlen. Dabei hängen die grünen Schmetterlinge an den kürzeren Strängen. Fassen Sie die beiden Stränge zusammen, sodass der gekräuselte ca. 2 cm länger ist. Fädeln Sie eine Quetschperle, die Glasperle und eine weitere Quetschperle auf und bilden Sie mit dem Ende des gekräuselten Drahtes eine Öse. Der kürzere Draht bleibt dabei ca. 2 mm in der Öse stehen und wird von der Quetschperle, die Sie dicht an die Öse hochschieben, mit eingefasst. Hängen Sie die Brisur in die Öse ein und fixieren Sie die Glaskugel mit der zweiten Quetschperle.

Länge
ca. 5,8 cm

Material
- ❤ 2 Glasperlen mit Blumen, ø 8 mm: orange
- ❤ Je 2 Kunststoffschmetterlinge, 12 mm x 15 mm: orange, grün
- ❤ Stahldraht, ø 0,5 mm, 36 cm lang: silber
- ❤ 12 Quetschperlen, ø 2,5 mm: silber
- ❤ 2 Brisuren: silber

Netzwerk

mehrfädige Kette mit Blumen

(Abbildung auf Seite 17)

Farbfolge: amethyst, rosé, aquamarin, fuchsia, cristall, saphir

Teilen Sie den Draht in vier Stücke à 50 cm. Fertigen Sie aus einem Drahtende eine Anfangsöse, wobei die verbleibenden Drähte mitfixiert und dann auf 2 mm gekürzt werden. Stecken Sie das Drahtende der Öse (auf 3 mm gekürzt) in eine der ersten beiden Perlen. Führen Sie jeweils einen äußeren und einen mittigen Draht durch eine Perle, fassen Sie dann die mittleren beiden Stränge zusammen und fädeln Sie eine Perle auf. Nun nehmen Sie wieder jeweils einen mittigen sowie einen seitlichen Strang und führen diesen durch eine Perle. Nach 26 aufgefädelten Perlen fädeln Sie zur nächsten mittig gesetzten Perle eine Blume dazu. Ebenso nach weiteren 17 Perlen und zuletzt nach abermals 14 aufgefädelten Perlen. Dann fädeln Sie noch einmal 32 Perlen auf, bevor Sie einen Abschluss fertigen. Schieben Sie auf jeder Seite ein kleines Röhrchen auf und hängen Sie in die Verschlussösen je einen Spaltring ein. Auf einer Seite befestigen Sie zusätzlich den Herzkarabiner.

Länge
ca. 44 cm

Material
- ♥ 2 Metallröhrchen, ø 4 mm, 5 mm lang: silber
- ♥ 3 Metallblumen, ø 8 mm: silber
- ♥ Swarovskiperlen, Doppelkegel, ø 4 mm: je 16 x amethyst, aquamarin, rosé; je 15 x saphir, fuchsia, cristall
- ♥ Stahldraht, ø 0,4 mm, 2 m lang: silber
- ♥ 2 Quetschperlen, ø 2,5 mm: silber
- ♥ 2 Spaltringe, ø 5 mm: silber
- ♥ Herzkarabiner: silber

Blütenzauber

Verlockung
edle Kette mit eingefädelten Drahtkringeln

Fixieren Sie an einem 45 cm langen Drahtstück eine Anfangsöse. Auf den Draht fädeln Sie abwechselnd Swarovskiperlen (ø 6 mm), Metallstäbe sowie Metallblumen mit einer rosé Perlenmitte (ø 4 mm). Beginnen Sie mit einer Perle in Peridot. Dann folgen ein Metallstäbchen sowie eine Perle in Aquamarin. An dritter Stelle folgt eine gefüllte Metallblume, dann setzen Sie abwechselnd mit den Swarovskiperlen und den Metallstäbchen fort. An siebter, elfter und fünfzehnter Stelle reihen Sie zusätzlich eine Blume mit Perle auf. In der Mitte – an zehnter Stelle – platzieren Sie die Olive. Sind alle Teile aufgefädelt, fixieren Sie am Drahtende eine Quetschperle, um ein Herunterrutschen der Perlen zu verhindern. Schneiden Sie vom Draht acht Stücke à 7,5 cm Länge ab. Übrig bleibt ein 15 cm langer Draht, der durch die Olive gezogen wird. Bevor Sie die Stücke in die unteren neun Perlen einfädeln, ziehen Sie sie zum leichten Kräuseln über die Zange. Die Mitte bildet der lange Draht. Hier fixieren Sie an einem Ende die Kunststoffblume, indem Sie eine Quetschperle, die Blume und eine weitere Quetschperle aufziehen. Fixieren Sie zuerst die Quetschperle am Ende des Drahtstückes, schieben Sie dann die zweite Quetschperle mit der Blume dazwischen straff hoch und fixieren Sie auch diese. Schieben Sie nun den Draht durch die Olive und befestigen Sie am anderen Ende auf die gleiche Weise einen grünen Schmetterling. Ebenso verfahren Sie mit den anderen Zierteilen, orientieren Sie sich dabei an der Abbildung. Lösen Sie dann am Ende der Kette die Quetschperle und fertigen Sie eine Öse. Hängen Sie den Verschluss ein.

Länge
ca. 43,5 cm

Material
- ♥ Swarovskiperlen, Doppelkegel, ø 6 mm, 8 x peridot, 6 x aquamarin
- ♥ Swarovskiperlen, Doppelkegel, ø 4 mm: 5 x aquamarin, 9 x rosé, 4 x peridot
- ♥ 7 Metallblumen, ø 8 mm: silber
- ♥ 2 Kunststoffschmetterlinge, 12 mm x 15 mm: pink, 2 x grün
- ♥ Kunststoffblume, ø 11 mm: pink
- ♥ 18 Metallröhrchen, glänzend, ø 2 mm, 15 mm lang: silber
- ♥ Glasolive mit Spiralen, 33 mm lang: hellgrün
- ♥ Stahldraht, ø 0,3 mm, 1,2 m lang: silber
- ♥ 38 Quetschperlen, ø 2 mm: silber
- ♥ Schraubverschluss, 13 mm lang: silber

Blütenzauber

16

Fischfang

lange Kette mit verschobenen Drähten

Teilen Sie den Draht in vier Stücke à 1 m. Fassen Sie die Drahtstränge zusammen und machen Sie eine Anfangsöse. Fädeln Sie ein Röhrchen auf. Führen Sie drei Drähte durch eine Schnecke, alle durch einen Stab und wieder drei durch eine Schnecke. Schieben Sie auf einen Draht einen Fisch zwischen zwei Quetschperlen auf. Auf einen anderen Draht fädeln Sie zwischen zwei Quetschperlen eine Perle (ø 4 mm) auf. Schieben Sie dann über alle Stränge eine große Quetschperle. Verschieben Sie die Drähte, indem Sie den Fisch gespannt halten und die übrigen Drähte fächerartig nach außen ziehen. Der Abstand zwischen den äußersten Strängen sollte ca. 2 cm betragen. Fixieren Sie die Komposition zwischen 6 cm und 9 cm. Fädeln Sie eine kleine Quetschperle und eine Scheibe auf. Schlingen Sie einen äußeren Draht um die Scheibe und schieben Sie ihn nochmals durch die Quetschperle. Fixieren Sie die Quetschperle bei ca. 1 cm Durchmesser der Schlinge. Legen Sie nun die Position der Perle und des Fisches fest und befestigen Sie die Teile auf den Strängen.

Im nächsten Abschnitt fädeln Sie nach dem gleichen Schema einen Stab und eine Schnecke auf. Verfahren Sie nun abwechselnd nach diesem Muster, bis Sie drei Fische aufgezogen haben. Die letzten beiden Fische müssen umgekehrt eingefädelt werden, da sie sonst auf dem Kopf stehen. Wenn alle Perlen verarbeitet sind, schieben Sie ein Röhrchen auf und schließen mit einer Öse ab. Hängen Sie den Verschluss ein.

Länge

ca. 90 cm

Material

- 6 Kunststoffstäbe, leicht konisch, 25 mm lang: dunkelblau
- 8 Kunststoffscheiben mit großem Loch, ø 18 mm: dunkelblau
- 5 Kunststofffische, 36 mm lang: silber/klar
- 8 Schneckenperlen, 10 mm x 7 mm: silber
- 5 Kunststoffperlen, ø 4 mm: silber/klar
- 2 Metallröhrchen, gebogen, 15 mm lang: silber
- Stahldraht, ø 0,5 mm, 4 m lang: silber
- 10 Quetschperlen, ø 3 mm: silber
- 44 Quetschperlen, ø 2 mm: silber
- Schraubverschluss, 23 mm lang: silber

Schneckenhaus
silber-blaue Spiralohrringe

Biegen Sie die Enden der Drahtspiralen mit der Flachzange gerade. Fädeln Sie je eine kleine Perle und eine Schnecke auf. Schieben Sie die Perle so weit wie möglich nach innen. Die Schnecke positionieren Sie eine Rundung weiter außen. Schieben Sie am Ende die Kunststoffstäbe auf. Biegen Sie mit der Flachzange das Ende um 4 mm nach oben. Auf diesem Stück befestigen Sie mit Sekundenkleber je eine kleine Perle. Hängen Sie die Brisuren an der äußersten Rundung ein.

Länge
ca. 5 cm

Material
- ♥ 2 Drahtspiralen, ø 35 mm: silber
- ♥ 2 Kunststoffstäbe, leicht konisch, 25 mm lang: dunkelblau
- ♥ 2 Schneckenperlen, 10 mm x 7 mm: silber
- ♥ 2 Kunststoffperlen, ø 4 mm: silber/klar
- ♥ 2 Brisuren: silber

Materialmixkette aus Drahtstücken

Legen Sie die Perlen in zwei Gruppen: Metallfische, blaue Sterne, hell- und dunkelblaue Würfel in eine, in die anderen den Rest. Schneiden Sie nun vom Draht 32 Stücke à 15 cm Länge ab. An vier Drähten befestigen Sie an einem Ende jeweils eine Perle aus der ersten Gruppe zwischen zwei kleinen Quetschperlen. An vier weiteren Drähten jeweils eine Perle aus der anderen Gruppe. Führen Sie die beiden Stränge nun gegeneinander durch eine große Quetschperle, sodass die Perlen zu jeder Seite ca. 4,5 cm überstehen und drücken Sie die Quetschperle zusammen. Verschieben Sie die Drähte zuvor leicht, damit die Perlen nicht aufeinander liegen. Erweitern Sie die Kette schrittweise nach rechts und links, indem Sie ein weiteres Viererbündel mit Perlen an einer Seite an das offene Ende anhängen. Achten Sie darauf, dass die beiden Gruppen im Wechsel verwendet werden. Die offenen Enden werden mit Perlen der jeweils anderen Gruppe versehen. Am Schluss schieben Sie je ein Vierkantröhrchen und eine Quetschperle auf die offenen Enden. Auf einer Seite fertigen Sie eine Abschlussöse mit Karabiner, auf der anderen hängen Sie einen Spaltring ein.

Länge
ca. 40 cm

Material
- 9 Glasvierkantröhrchen, 15 mm lang: türkis
- Je 7 Glaswürfel, 5 mm x 5 mm: hellblau, mittelblau, dunkelblau
- 7 Glasscheibchen, ø 5 mm: dunkelblau
- Je 7 Glassterne, ø 6 mm: hellblau, blau
- 7 Metallfische, 8 mm x 13 mm: gold
- Stahldraht, ø 0,4 mm, 4,8 m lang: metallic blue
- 114 Quetschperlen, ø 2 mm: gold
- 7 Quetschperlen, ø 3 mm: gold
- Spaltring, ø 5 mm: gold
- Herzkarabiner: gold

Länge

ca. 44 cm

Material

- ♥ Glasvierkantröhrchen, 15 mm lang: 7 x azur; je 8 x türkis, grün
- ♥ Je 1 Dose Rocailles, ø 2 mm: rainbow/ hellblau, transparent, blau, zartblau
- ♥ Stahldraht, ø 0,4 mm, 2,4 m lang: metallic blue
- ♥ 2 Quetschperlen, ø 2,5 mm: silber
- ♥ Spaltring, ø 5 mm: silber
- ♥ Herzkarabiner: silber

Fädeln Sie in die Mitte des Drahtstranges ein azurfarbenes Glasrohr auf. Ziehen Sie dann 25 zartblaue Rocailles auf und führen Sie den Draht durch das Glasrohr. Dann ziehen Sie ein grünes Glasrohr auf und 30 hellblaue Rocailles, verkreuzen den Draht mit der letzten Schlinge und ziehen ihn nochmals durch das Rohr. Dazu kommt noch eine Schlinge mit 25 transparenten Perlen, die auch durch das grüne Rohr zurückgeführt wird. Nun fädeln Sie ein türkisfarbenes Glasrohr auf. Darüber bilden Sie eine Schlinge mit 30 blauen Perlen. So fahren Sie in beide Richtungen fort, wobei Sie Farben und Anzahl der Rocailles abwechseln. Am Ende ziehen Sie je ein Glasrohr ohne Schlinge auf und fertigen mit Karabiner und Spaltring einen Abschluss.

Strandläufer

Kette mit Metallschlingen

Dehnen Sie die Metallstäbe von ihren 2,9 cm auf ca. 3,5 cm aus. Fertigen Sie einen Anfang, bei dem Sie den Karabiner mit einfassen. Fädeln Sie eine Metallolive, zwei Muschelperlen und eine Stabperle auf. Führen Sie den Draht dann um die letzte Muschelperle herum, sodass die Stabperle als Schlaufe liegt. Ziehen Sie sie gut an und fädeln Sie eine weitere Muschelperle auf. Nach diesem Muster bilden Sie insgesamt 17 Metallschlaufen. Am Ende fädeln Sie nochmals eine Metallolive auf und fertigen einen Abschluss, in den Sie den Spaltring einhängen.

Länge
ca. 41 cm

Material
- ♥ 17 Metallstäbe, ø 2 mm: türkis
- ♥ 18 Metalloliven, ø 4,5 mm: türkis
- ♥ 51 Muschelperlen „Bora": grau
- ♥ Stahldraht, ø 0,4 mm, 1,1 m lang: silber
- ♥ 2 Quetschperlen, ø 2,5 mm: silber
- ♥ Spaltring, ø 5 mm: silber
- ♥ Herzkarabiner: silber

La Olá
mehrfädige wellenförmige Kette

(Abbildung auf Seite 25)

Perlenabfolge: „Bali" (längliche Muschelperle), Metallkugel, „Ceylon" (Muschelscheibe), Metallolive, „Cebu" (Muschelwalze), Metallkugel, „Bora" (hakenförmige Muschelperle), Metallolive

Länge
ca. 70 cm

Material
❤ Je 9 Shelly-Perlen „Bali", „Cebu", „Bora", „Ceylon": hellgrün

❤ 20 Metalloliven, ø 4,5 mm: hellgrün

❤ 18 Metallkugeln, ø 4,5 mm: hellgrün

❤ Stahldraht, ø 0,5 mm, 4,05 m lang: silber

❤ 78 Quetschperlen, ø 2,5 mm: silber

❤ 2 Spaltringe, ø 5 mm: silber

❤ Magnetverschluss, 20 mm lang: silber

Teilen Sie den Stahldraht in sechs unterschiedlich große Stücke. Das kürzeste ist 55 cm lang, die folgenden jeweils 5 cm länger, das längste Stück also 80 cm lang. Beginnen Sie bei jedem Strang in der Mitte mit dem Anbringen der Perlen, jede wird dabei von zwei Quetschperlen gehalten. Der Abstand zwischen zwei Perlen beträgt ca. 3,5 cm. Ziehen Sie die Perlen entsprechend der oben genannten Abfolge auf, beginnen Sie dabei bei jedem Strang mit einer anderen Perle. Lassen Sie an den Enden jedes Drahtes ca. 5 cm unbearbeitet.

Nun wellen Sie die Drähte, indem Sie die Perlenzwischenräume jeweils gegengleich über die scharfe, hintere Kante einer Flachzange ziehen. Fassen Sie die Drähte zusammen, schieben Sie eine Quetschperle, Metallolive und noch eine Quetschperle auf und fertigen Sie einen Abschluss. Hängen Sie je einen Spaltring und den Verschluss ein.

Ohrringe mit Kristallperlen

Farbfolge: aquamarin, amethyst, saphir, rosé

Teilen Sie den Draht in vier Stücke à 9 cm. Knicken Sie pro Ohrring einen Draht bei ca. 5,3 cm, den anderen bei ca. 4,7 cm. Nun fassen Sie je zwei unterschiedliche Drähte zusammen, ziehen eine Quetschperle über alle Stränge bis kurz vor die Knickstellen und fixieren eine Öse. Dann schieben Sie eine Metallperle, ein Röhrchen und eine weitere Metallperle auf und fixieren auch diese mit einer Quetschperle. Setzen Sie an jedes Ende eine Swarovskiperle (Farbfolge nach Länge siehe oben) und fixieren diese unten mit einer Quetschperle. Hängen Sie zuletzt die Brisuren in die Ösen ein.

Länge

ca. 5 cm

Material

- ❤ 2 Metallröhrchen, ø 4 mm, 14 mm lang: silber
- ❤ 4 Metallperlen, ø 5 mm: silber
- ❤ Je 2 Swarovskiperlen, ø 6 mm, Doppelkegel: amethyst, rosé, saphir, aquamarin
- ❤ 36 cm Stahldraht, ø 0,5 mm: silber
- ❤ 12 Quetschperlen, ø 2,5 mm: silber
- ❤ 2 Brisuren: silber

Tricolor
mehrfädige Kette mit Röhrchen

Teilen Sie den Draht in vier Stücke à 45 cm. Fertigen Sie eine Anfangsöse und fädeln Sie eine Metallperle über alle Drähte auf, ebenso ein Röhrchen. Ziehen Sie nun auf jeden Strang eine Perle jeder Farbe auf. Dann ziehen Sie wieder ein Metallröhrchen über alle vier Drähte und schieben es so weit hoch, dass die Perlen relativ fest sitzen. Setzen Sie wieder mit den Perlen fort und arbeiten Sie nach diesem Schema, bis alle Teile aufgefädelt sind. Bevor Sie die Abschlussöse fertigen, in die Sie den Verschluss einhängen, ziehen Sie die zweite Metallperle auf.

Länge
ca. 44 cm

Material
- ♥ 2 Metallperlen, ø 4 mm: silber
- ♥ 20 Metallröhrchen, ø 4 mm, 13 mm lang: mattsilber
- ♥ Je 19 Glasschliffperlen, ø 4 mm: dunkelgrün, hellgrün, grau, transparent irisierend
- ♥ Stahldraht, ø 0,4 mm, 1,8 m lang: silber
- ♥ 2 Quetschperlen, ø 2,5 mm: silber
- ♥ Schraubverschluss, 23 mm lang: altsilber

Hightlight
mehrfädige Kette mit gebogenen Röhrchen

Arbeiten Sie die Kette wie die oben beschriebene „Tricolor". Die einzelnen Drahtstücke sind hier 62,5 cm lang.

Länge
ca. 59 cm

Material
- ♥ 15 Metallröhrchen, gebogen, ø 4 mm, 29 mm lang: silber
- ♥ Je 14 Swarovskiperlen, Doppelkegel, ø 6 mm: amethyst, rosé, aquamarin, saphir
- ♥ 2 Metallperlen, ø 5 mm: silber
- ♥ Stahldraht, 0,4 mm, 2,5 m lang: silber
- ♥ 2 Quetschperlen, ø 2,5 mm: silber
- ♥ Schraubverschluss, 23 mm lang: altsilber

Starlight
gestiftelte Kette mit Kristallperlen

Stifteln Sie 140 Nietstifte, indem Sie eine Swarovskiperle in Cristall, eine Paillette und einen Glasstift aufziehen und mit einer Öse abschließen (siehe Seite 5). Fädeln Sie nun die Glasflachperle mittig auf den Draht. Ziehen Sie zu beiden Seiten abwechselnd je fünf Nietstifte, eine Jetperle, fünf Nietstifte etc. auf, bis Sie die gesamten Stifte gleichmäßig aufgereiht haben. Dann ziehen Sie auf jeder Seite im Wechsel eine Swarovskiperle in Jet bzw. Cristall und einen Glasstift auf. Fertigen Sie einen Abschluss und hängen Sie den Verschluss ein.

Länge
ca. 45 cm

Material
- ♥ Glasflachperle mit weißem Kringel, ø 22 mm: rauch
- ♥ 1 Packung Pailletten, gestreift, ø 6 mm: silber-schwarz
- ♥ 150 Swarovskiperlen, ø 4 mm: cristall
- ♥ 28 Swarovskiperlen: ø 4 mm: jet
- ♥ 1 Dose Glasstifte, 6 mm lang: schwarz
- ♥ 140 Nietstifte, 30 mm lang: silber
- ♥ Stahldraht, ø 0,4 mm, 47 cm lang: silber
- ♥ 2 Quetschperlen, ø 2 mm: schwarz
- ♥ Schraubverschluss, 23 mm lang: schwarz

Cristall
gestiftelte Ohrringe

Arbeiten Sie von der Mitte der Ohrstecker nach außen: Setzen Sie an einem Ende des Drahtes eine Quetschperle. Fädeln Sie einen Doppelkegel, eine Paillette und einen Glasstift auf. Schieben Sie dann den Draht von oben durch ein Loch der Platte und fädeln Sie ihn etwas daneben wieder zurück. Reihen Sie abermals einen Glasstift, eine Paillette, einen Doppelkegel sowie eine Quetschperle auf. Ziehen Sie den Draht fest an und fixieren Sie die Quetschperle. Zwicken Sie den Draht knapp über der Quetschperle ab. Arbeiten Sie so den ganzen Ohrring, auf jedem setzen Sie 22 Stifte auf. Achten Sie darauf, dass keine Freiräume zwischen den Stiften entstehen.

Durchmesser
ca. 3 cm

Material
- ♥ 1 Paar Ohrstecker zum Fädeln, ø ca. 20 mm: silber
- ♥ 44 Swarovskiperlen, Doppelkegel, ø 4 mm: cristall
- ♥ 44 Pailletten, gestreift, ø 6 mm: silber/schwarz
- ♥ 44 Glasstifte, 6 mm lang: schwarz
- ♥ 44 Nietstifte, 30 mm lang: silber
- ♥ Stahldraht, 0,4 mm, 1 m lang: silber
- ♥ 44 Quetschperlen, ø 2 mm: schwarz

Kette mit Glasstiften und Herzen

(Abbildung auf Seite 35)

Fädeln Sie auf ein 50 cm langes Drahtstück mittig ein Glasrohr mit je einer Quetschperle pro Seite auf. Auf den verbliebenen längeren Draht fädeln Sie mittig einen Glasstift, ein Herz und noch einen Glasstift auf. Schieben Sie nun jedes Ende des längeren Drahtes durch eine Quetschperle des kürzeren. Fixieren Sie die Quetschperlen so, dass alle Perlen straff angezogen sind. Fädeln Sie auf den längeren Strang wieder einen Glasstift, ein Herz und einen Glasstift auf und fixieren Sie das Trio in einer auf den kürzeren Strang aufgezogenen Quetschperle. Reihen Sie dann wieder ein Glasrohr und eine Quetschperle auf den kurzen Draht auf, einen Glasstift, ein Herz und einen Glasstift auf den langen. Ziehen Sie das längere Stück wieder mit durch die Quetschperle des kürzeren und fixieren Sie beide Drähte. Arbeiten Sie nach diesem Muster auf beiden Seiten gleichmäßig nach außen. Schließen Sie die Kette mit je einem Glasrohr, einer Quetschperle, einem Herz und einer Quetschperle ab. Fertigen Sie die Ösen, in die Sie den Spaltring und den Karabiner einhängen.

Länge
ca. 45 cm

Material

♥ 21 Glasvierkantröhrchen, 15 mm lang: schwarz

♥ 1 Dose Glasstifte mit Silbereinzug, 15 mm lang: cristall

♥ 41 Glasherzen, ø 8 mm: rot

♥ Stahldraht, ø 0,4 mm, 2,3 m lang: silber

♥ 44 Quetschperlen, ø 2,5 mm: silber

♥ Spaltring, ø 5 mm: silber

♥ Herzkarabiner: silber

Kette mit Paillettenblättern

Perlenabfolge: transparente Glasschliffperle, Metallrohr, rote Glasschliffperle, Glaswürfel

Stifteln Sie die acht Paillettenblätter, wobei Sie erst Glasschliffperlen auf die Nietstifte aufziehen – drei Stifte mit transparenten Perlen oben, fünf mit roten. Bilden Sie eine Anfangsöse und fädeln Sie die Perlen, Röhrchen und Würfel abwechselnd auf. Die Blätter werden an vierter, fünfter, siebter, zehnter, elfter, zwölfter, fünfzehnter und siebzehnter Stelle zwischen zwei Würfeln mit eingefasst. Haben Sie alle Perlen aufgefädelt, fertigen Sie einen Abschluss und hängen den Verschluss ein.

 Länge
ca. 42,5 cm

Material
- ♥ 30 Glaswürfel, 5 mm x 5 mm: rot
- ♥ 23 Metallrohre, ø 4 mm, 5 mm lang: silber
- ♥ 8 Paillettenblätter, ca. 18 mm lang: silber
- ♥ Glasschliffperlen, irisierend, ø 4 mm: 26 x transparent, 28 x rot
- ♥ 7 Nietstifte, 24 mm lang: silber
- ♥ Stahldraht, ø 0,4 mm, 45 cm lang: silber
- ♥ 2 Quetschperlen, ø 2 mm: silber
- ♥ Spaltring, ø 5 mm: silber
- ♥ Herzkarabiner: silber

Storm

Kette mit Paillettenblättern

Perlenabfolge: Metallröhrchen, Glasschliffperle, Glaswürfel, Glasschliffperle

Stifteln Sie neun Nietstifte mit je einer Glasschliffperle und einem Paillettenblatt. Nehmen Sie nun den Draht zur Hand und bilden Sie eine Anfangsöse. Fertigen Sie die gelbe Hälfte der Kette nach der oben genannten Perlenabfolge. Nach dem dritten Würfel ziehen Sie einen Nietstift mit Paillettenblatt auf, darauf folgt ein weiterer Würfel. Fahren Sie nach diesem Muster fort und ziehen Sie nach dem fünften, siebten, achten und elften Würfel je ein weiteres Blatt zwischen zwei Würfeln auf. Nun folgen die grünen Würfel, wobei nach dem zweiten, fünften, siebten und achten wieder jeweils ein Blatt eingearbeitet wird. Haben Sie alle Perlen aufgefädelt, fertigen Sie einen Abschluss und hängen Sie den Verschluss ein.

Länge
ca. 43 cm

Material
♥ Je 15 Glaswürfel, ø 5 mm: honig, hellgrün
♥ 29 Glasschliffperlen, irisierend, ø 4 mm: transparent
♥ 22 Metallröhrchen, ø 4 mm, 5 mm lang: gold
♥ 9 Paillettenblätter, 18 mm lang: gold
♥ 9 Nietstifte, 24 mm lang: gold
♥ Stahldraht, ø 0,4 mm, 46 cm lang: gold
♥ 2 Quetschperlen, ø 2,5 mm: gold
♥ Schraubverschluss, 23 mm lang: altgold

Zick Zack
Doppelkette mit Knick

(Abbildung auf Seite 37)

Schneiden Sie vom Draht 50 cm ab und fädeln Sie eine Metallolive, eine Metallperle, einen Glasstift sowie eine Glasscheibe auf. Das Muster wiederholen Sie elf Mal. Ziehen Sie dann an beiden Enden je vier Glasstifte und Metallperlen auf und fertigen Sie die Verschlussösen. Fassen Sie dabei auf einer Seite den Karabiner mit ein. Den zweiten Strang fertigen Sie im Zickzack. Beginnen Sie mit einer Öse um den Karabiner. Ziehen Sie eine Olive und eine Glasscheibe auf. Knicken Sie den Draht mithilfe der Flachzange rechtwinklig ab. Fädeln Sie einen Glasstift und eine Glasscheibe auf und knicken Sie den Draht entgegengesetzt. Es folgen eine Metallolive und ein Stern sowie das Abknicken mit der Flachzange. Führen Sie dieses Schema fort, wechseln Sie dabei Stern und Herz ab. Sind alle Metalloliven und Scheiben aufgezogen, beenden Sie die Kette mit einem Glasstift und einer Abschlussöse. Hängen Sie die beiden Ösen in einen Spaltring ein.

Länge außen
ca. 48 cm

Material

- ♥ 1 Dose Glasstiftperlen, gedreht, ø 3,4 mm, 12 mm lang: gold
- ♥ 31 Glasscheiben, ø 6 mm: hellgrün
- ♥ 27 Metalloliven, 12 mm lang: hellgrün
- ♥ 5 Glassterne, ø 6 mm: hellgrün
- ♥ 4 Glasherzen, ø 6 mm: hellgrün
- ♥ 20 Metallperlen, ø 3 mm: gold
- ♥ Stahldraht, ø 0,4 mm, 1,1 m lang: gold
- ♥ 4 Quetschperlen, ø 2 mm: gold
- ♥ Spaltring, ø 5 mm: gold
- ♥ Herzkarabiner: gold

Ohrringe mit Paillettenblättchen

Fädeln Sie auf die Kettelstifte je eine Glasschliffperle, einen Würfel, einen Glasstift und wieder eine Glasschliffperle auf. Kürzen Sie den Überstand auf 8 mm und biegen Sie eine Öse. Hängen Sie die Brisuren ein. Öffnen Sie die untere Öse leicht mit einer Flachzange, hängen Sie hier je ein Blatt ein und schließen Sie die Öse wieder.

Material

- ♥ 2 Glaswürfel, ø 5 mm: hellgrün
- ♥ 2 Glasstifte, gedreht, 12 mm lang: gold
- ♥ 4 Glasschliffperlen, irisierend, ø 4 mm: transparent
- ♥ 2 Paillettenblätter, 18 mm lang: gold
- ♥ 2 Kettelstifte, 45 mm: gold
- ♥ 2 Brisuren: gold

Emotion
gebogene Röhrchen mit Kristallperlen

Fixieren Sie eine Öse und stifteln Sie die Swarovski-kristalle. Ziehen Sie abwechselnd ein Röhrchen, eine Perle in Cristall, ein Röhrchen und zwei Perlen in Oliv auf. Nach dem Fixieren des Drahtendes hängen Sie den Verschluss ein, indem Sie die Verschlussösen nach oben biegen, die Kettenöse einhängen und wieder schließen.

Länge
ca. 44 cm

Material
- ❤ Swarovskiperlen, Doppelkegel, ø 6 mm: 10 x oliv, 5 x cristall
- ❤ 15 Nietstifte, 24 mm lang: gold
- ❤ 16 Metallröhrchen, gebogen, 26 mm lang: mattgold
- ❤ Stahldraht, ø 0,4 mm, 47 cm lang: gold
- ❤ 2 Quetschperlen, ø 2 mm: gold
- ❤ Schraubverschluss, 23 mm lang: altgold

Golden Eye

Kette aus Drahtkringeln

(Abbildung auf Seite 41)

Teilen Sie den dickeren Draht in acht Stücke á 42 cm Länge. Fädeln Sie auf den ersten Draht eine Quetschperle, eine große unregelmäßige Perle und eine weitere Quetschperle auf das Ende. Legen Sie den Draht zur Schlaufe und führen Sie ihn durch die Perlen. Fädeln Sie dann zwei Quetschperlen mit einer Rundperle dazwischen auf und schieben Sie den Draht erneut durch die Anfangsperlen. Es folgt eine letzte große Schlinge. Anfang und Ende des Drahtes verschwinden in der länglichen Perle und werden mit den Quetschperlen fixiert. Achten Sie darauf, dass die Abstände der Schlingen gleichmäßig sind. Fixieren Sie nun die Rundperle gegenüber der länglichen. So arbeiten Sie sieben Drahtschlingen, wobei Sie jede äußere Schlinge mit der vorhergehenden verkreuzen. Wechseln Sie bei jeder Schlinge zwischen Rundperlen und großen und kleinen länglichen Perlen sowie Flachperlen ab.

Jeweils an dem äußeren Drahtkringel fixieren Sie die Hälfte des dünneren Drahtstückes, indem Sie eine Quetschperle auf ein Drahtende ziehen, um den Drahtkringel eine kleine Schlaufe bilden und diese mit einer Quetschperle fixieren. Dann ziehen Sie das Röhrchen auf und fertigen mithilfe einer Quetschperle eine Abschlussöse. Hängen Sie zuletzt den Verschluss ein.

Länge

ca. 70 cm

Material

- ❤ 4 Flachperlen, ø 19 mm: oliv/gold
- ❤ 4 Perlen, unregelmäßig, 26 mm lang: klar/oliv
- ❤ 4 Perlen, unregelmäßig, 13 mm lang: klar/gold
- ❤ 4 Rundperlen, ø 8 mm: oliv
- ❤ 2 Metallröhrchen, ø 1,9 mm, 70 mm lang: mattgold
- ❤ Stahldraht, ø 0,5 mm, 3,36 m lang: gold
- ❤ Stahldraht, ø 0,3 mm, 22 cm lang: gold
- ❤ 20 Quetschperlen, ø 2 mm: gold
- ❤ 16 Quetschperlen, ø 3 mm: gold
- ❤ Schraubverschluss, 23 mm lang: altgold

mysteriöse Perlenschlauchkette

Schieben Sie abwechselnd die großen Perlen in den Schlauch und die großen Röhrchen darüber. Arbeiten Sie von der Mitte nach außen gleichmäßig zu beiden Seiten. Wenn Sie alle großen Teile eingearbeitet haben, fädeln Sie in gleicher Weise beidseitig je fünf kleine Perlen und Röhrchen auf. Schneiden Sie die ausgefransten Überstände ab, doppeln Sie die Enden ca. 5 mm und kleben Sie sie mit Sekundenkleber in die Endkappen ein. Hängen Sie zuletzt den Verschluss ein.

Länge
ca. 45 cm

Material
- 19 Swarovskiperlen, Doppelkegel, ø 6 mm: fuchsia
- 10 Swarovskiperlen, Doppelkegel, ø 4 mm: fuchsia
- 10 Metallröhrchen, flach, 7 mm x 8 mm: gold
- 18 Metallröhrchen, flach, 10 mm x 11 mm: gold
- Metallschlauch, gestrickt, 0,5 m lang: schwarz
- 2 Endkappen mit Ring, flach, 6 mm x 8 mm: gold
- Spaltring, ø 5 mm: gold
- Herzkarabiner: gold

Extravaganza
gefüllte Metallschlauchkette

Schieben Sie die Polarisperlen von beiden Seiten dicht an dicht in den Metallschlauch. Schneiden Sie die ausgefransten Überstände ab, doppeln Sie die Enden ca. 5 mm und kleben Sie sie mit Sekundenkleber in die Endkappen ein. Die Perlen haben dabei kaum Abstand zueinander. Nun werden die abstehenden Drahtstäbe eingezogen. Dazu teilen Sie den Stahldraht in 17 Stücke à 5 cm. Auf jedem Drahtstück sitzen immer eine kleine und eine große Swarovskiperle. Schieben Sie zwei Quetschperlen auf ein Drahtstück, eine Perle und wieder eine Quetschperle. Fixieren Sie das Ende, schieben Sie die Perle mit der Quetschperle hoch und sichern Sie diese. Beginnen Sie in der Mitte der Kette. Führen Sie den Draht quer durch den Schlauch und durch das Loch einer Polarisperle. Verfahren Sie mit der durchgeschobenen Drahtseite wie zuvor. Legen Sie die Position des Drahtes fest und fixieren Sie ihn mit den Quetschperlen dicht am Schlauch. Nach diesem Muster befestigen Sie sämtliche Drahtstücke am Metallschlauch. Arbeiten Sie dabei nach beiden Seiten und wechseln Sie die Richtung der Drähte und die Abstände zueinander ab. Hängen Sie zuletzt den Verschluss ein.

Länge
ca. 60 cm

Material
- ❤ 45 Polarisperlen, ø 12 mm: hellbraun flitter
- ❤ Je 17 Swarovskiperlen, Doppelkegel, ø 4 mm und ø 6 mm: amethyst
- ❤ Metallschlauch, gestrickt, 65 cm lang: gold
- ❤ Stahldraht, ø 0,5 mm, 85 cm lang: lila
- ❤ 102 Quetschperlen, ø 2 mm: gold
- ❤ 2 Endkappen mit Ring, flach, 6 mm x 8 mm: gold
- ❤ Spaltring, ø 5 mm: gold
- ❤ Herzkarabiner: gold

Pompös

Armband mit gestiftelten Kristallperlen

(Abbildung auch auf Seite 45)

Stifteln Sie die Perlen bis auf zwei in Amethyst. Fertigen Sie einen Anfang, bei dem Sie den Herzkarabiner mit einfassen. Fädeln Sie eine lose Perle auf und arbeiten Sie den Rest des Armbandes mit abwechselnd einem Röhrchen und drei gestiftelten Perlen der unterschiedlichen Farben. Zuletzt fädeln Sie wieder eine lose Perle auf. Fertigen Sie eine Abschlussöse und hängen Sie den Spaltring ein.

Länge

ca. 20 cm

Material

- ❤ 13 Swarovskiperlen, Doppelkegel, ø 6 mm: fuchsia
- ❤ Swarovskiperlen, Doppelkegel, ø 4 mm: 15 x amethyst, 13 x cristall
- ❤ 29 Nietstifte, 30 mm lang: gold
- ❤ 14 Vierkantröhrchen, 10 mm lang: gold
- ❤ Stahldraht, ø 3 mm, 22 cm lang: gold
- ❤ 2 Quetschperlen, ø 2 mm: gold
- ❤ Spaltring, ø 5 mm: gold
- ❤ Herzkarabiner: gold

hüpfende Kette mit Blumen

(Abbildung auf Seite 1)

Schneiden Sie vom Stahldraht 27 Stücke á 7 cm Länge ab. Am verbliebenen Drahtstück fertigen Sie einen Abschluss, bei dem Sie den Karabiner mit einfassen. Ziehen Sie von der anderen Seite eine Rocaille in Ocker und eine Swarovskiperle auf, die Sie mit einer Quetschperle sichern. Bilden Sie nun nach ca. 2 cm den ersten Knoten. Achten Sie darauf, dass Sie den Draht glatt halten, da er sonst Knicke bekommt. Lassen Sie die Öffnungen so groß, dass die Drahtstücke anschließend bequem eingefädelt werden können. Bilden Sie im Abstand von 1,5 bis 2 cm 26 weitere Knoten. Zuletzt ziehen Sie wieder eine Quetschperle, eine Swarovskiperle und eine Rocaille in Ocker auf und fertigen mit einer Quetschperle nach ca. 2,5 cm einen Abschluss. Schieben Sie die Perlen hoch, fixieren Sie sie und hängen Sie den Spaltring ein. Wellen Sie die Drahtstücke über der Zange, sodass sie eine U-Form bekommen. An den kurzen Drahtstücken sichern Sie ein Ende mit einer Quetschperle, fädeln eine Rocaille auf, stecken den Draht durch den ersten Knoten, ziehen eine Perle auf und fixieren am Drahtende eine Quetschperle. Befestigen Sie an den Drahtstücken entweder von jeder Farbe eine Perle, oder auf einer Seite eine Rocaille in Ocker und auf der anderen eine Metallblume mit einer eingezogenen Swarovskiperle. Verteilen Sie die Blumen gleichmäßig über die Kette.

Länge

ca. 51 cm

Material

- ♥ Rocailles, ø 5 mm: 46 x transparent/ rainbow, 29 x ocker, 17 x maigrün
- ♥ 10 Metallblumen, ø 8 mm: mattgold
- ♥ 12 Swarovskiperlen, Doppelkegel, ø 4 mm: oliv
- ♥ Stahldraht, ø 5 mm, 2,5 m lang: moosgrün
- ♥ 58 Quetschperlen, ø 2 mm: gold
- ♥ Spaltring, ø 5 mm: gold
- ♥ Herzkarabiner: gold

Inhalt